了不起的中国人

狐狸家◎著

四川少年儿童出版社

灿烂的中华文明史——金

“金”是什么？“金”是金属。人们使用各种金属用具和武器进行劳动、享受生活、守护家园。铜铁的工具坚硬实用，金银的用具富贵华丽，闪亮的乐器清脆悦耳，锋利的刀枪寒光四射。“金”代表财富和贵重的物品。“金玉良言”“金碧辉煌”“情比金坚”……“金”被我们的祖先用来比喻世界上最珍贵的事物。

金属激发了人们创造的活力。从古代到今天，从农业、商业到军事、交通，金属让我们的生活越来越便利，让人类的未来越来越值得期待。中国人用智慧和创造力冶炼金属，铸造了坚韧强健、不怕困难的民族性格。

亲爱的朋友，请翻开下一页，让我们一起进入这属于“金”的灿烂旅程。

金 木 水 火 土

金、木、水、火、土，是中国每个小学生在课本中最先认识的汉字，也是我们祖先对这个世界的最初理解。他们认为，正是这五种基础元素相互作用、变化，构成了这个美丽而丰富的世界。

目录

了不起的意外发现：铜矿

远古时代，祖先们还在使用石头磨制的工具。他们每天外出，寻找合适的石料。在拣取石料的时候，他们常常发现一些外形奇特的石头，砸开以后，里面是紫红色和黄色的——这些石头其实就是含铜的铜矿石。祖先们把这些石头带回去，捶打磨制成各种工具和装饰品。

采运回来的铜矿石越来越多，渐渐堆成了小山。但依靠捶打和磨制无法得到金属铜，必须对铜矿石进行冶炼。祖先们很早就掌握了炼铜这门手艺，他们在小石洞里点燃木柴，将铜矿石放进火里烧，耐心等待着矿石变软熔化，再将由此得到的金属铜制成各种需要的用具。

冶炼铜矿石

祖先们把铜矿石放在火堆里烧软、熔化，得到金属铜。

黄铜管和黄铜片

出土于陕西，距今约 6700 年。

铜镜

早在新石器时代，祖先就会制造铜镜了。

青铜刀

这把出土于甘肃的新石器时代的青铜小刀，被称为“中华第一刀”。

了不起的天外来客：陨铁

铁是比铜更坚硬的金属。在铜器广泛使用后，又过了很久很久，我们的祖先才开始更多地使用铁器。这是为什么呢？原来，自然环境中的铁矿石黑乎乎的，不像铜矿石那样有明亮的颜色，不容易被发现，而且加工起来也更麻烦。但祖先们偶尔也能得到一些天然的铁。这要感谢从天而降的“好朋友”——陨石。

陨石是从太空落到地球上的像石头一样的东西。一些陨石的含铁量非常高，叫作陨铁。在没有掌握炼铁技术前，人们只能利用陨铁制造铁器。后来随着冶炼技术逐渐提高，人们学会了采集铁矿石来炼铁。铁制品变得越来越常见了。

了不起的山河宝藏：金矿和金沙

自古以来，黄金因为产量稀少，一直是非常贵重的金属。大约在 4000 年前，我们的祖先开始开采和使用黄金。许多金矿藏在深山中，寻找和采挖都不是容易的事情。千百年来，人们带着梦想与热情到深山中采金，付出了巨大的劳动，但黄金依然非常稀有。

听说过淘金吗？打捞河里或湖里的泥沙，淘洗出里面的天然金沙，这就是淘金。淘金曾是冒险家眼中的致富手段。除了去深山寻找金矿，淘金者们不断寻找藏有金沙的河流。“美人首饰侯王印，尽是沙中浪底来。”淘金是一个绚丽的财富梦想，更是一件非常辛苦的事情。

与金有关的中国智慧

铁杵磨成针

传说诗仙李白小时候不喜欢读书，一天他在路上遇见一位老妇人正在磨铁棒，说一定要把它磨成针。李白很受震撼，回去后默默用功学习，后来取得了很大的成就。后人就用“只要功夫深，铁杵磨成针”来比喻只要有毅力、肯下功夫，做任何难办的事情都能成功。

金玉其外，败絮其中

相传古代有个商人很会贮藏柑橘，柑橘放一年也不会腐烂。外皮像金玉一样鲜亮的柑橘很受欢迎，人们争相高价购买。有人买回这样的柑橘，剖开后发现里面的橘肉早已干枯得像破棉絮。后人就用“金玉其外，败絮其中”来形容外表光鲜美丽，实际缺少修养与内涵的人。

一寸光阴一寸金

中国有句俗话，“一寸光阴一寸金，寸金难买寸光阴”。意思是说，一寸光阴和一寸长的黄金一样珍贵，而一寸长的黄金却难以买到一寸光阴。这句话常被用来提醒人们要珍惜时光，不要虚度年华。

二人同心，其利断金

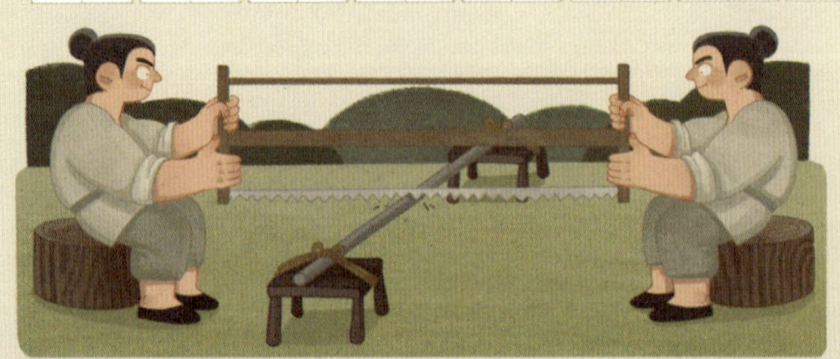

中国人很重视团结。人们认为只要大家一条心，就能发挥很大的力量，那股力量甚至能把金属切断，于是常用“二人同心，其利断金”来比喻只要团结一致，就能无坚不摧。

趁热打铁

铁非常坚硬，想要锻造铁器，要先把铁坯放到温度很高的火炉上烧，趁烧红的时候捶打。人们常用“趁热打铁”来比喻做事要抓紧有利的时机和条件。

真金不怕火炼

中国古代的金属冶炼技术十分发达。冶炼离不开火的帮助，许多金属会在火焰的高温下氧化变色，但黄金却不会。人们常用“真金不怕火炼”来比喻正确的事物经得住任何考验。

秤砣虽小压千斤

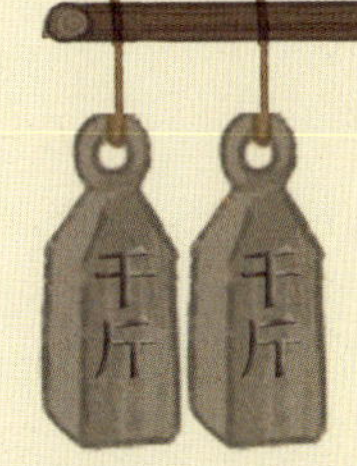

在古代，金属制成的秤砣是人们做买卖时不可缺少的计量工具。秤砣看起来小小的，但称重时却能压住重它很多倍的货物。人们常用“秤砣虽小压千斤”这句俗语来比喻外表虽不引人注目，但实际却很起作用。

一言九鼎

鼎是中国古代烹煮食物的器具，也是祭祀用的礼器。相传夏禹铸造了九个鼎，代表天下九州，它们在夏商周时期被奉为传国之宝，象征着国家王权。中国人喜欢用“一言九鼎”来形容一个人说的话分量很重，作用很大。

了不起的青铜礼器

铜器在人们的生活中使用得越来越多，逐渐取代了石器，我们的祖先在大约5000年前进入了青铜时代。青铜是铜和其他金属一起熔铸的合金。中国历史上不同时期、不同地方的青铜器各具特色。青铜器原本都是黄灿灿的，有金子一样的光泽，但在千年的岁月变迁中，它们全都变成了青绿色。

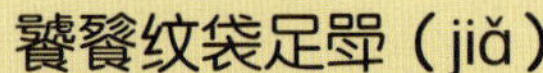

饕餮纹袋足斝（jiǎ）

贵族祭祀用的礼器，也可以用来温酒。

金面铜人头像

四川三星堆出土的青铜器仍有许多未解之谜，这个铜人头像戴着金面罩，给人以神圣之感。

后母戊鼎

鼎身铸有云雷纹，四周饰有盘龙和饕餮纹样，是商王为祭祀母亲戊而制的。它是迄今世界上出土最大、最重的青铜器。

亚丑钺

上面装饰有张口怒目的人面镂孔。

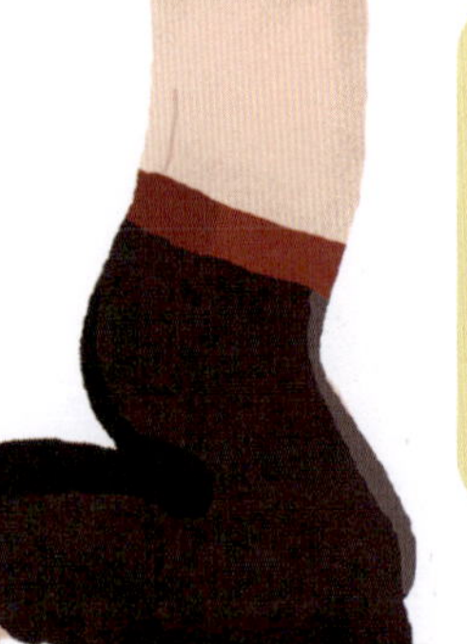

青铜立人像

这座三星堆青铜人像身姿挺拔，是现存最高的青铜立人像，被誉为“铜像之王”。

人面龙纹盉（hé）

盉是古人祭祀时用来盛酒或水的礼器。从上方看这个盉，像不像一个仰面的人头？

漫长的岁月里，珍贵的青铜器象征着身份和权力。统治者和贵族不但会用青铜做的食器酒具接待客人，在祭祀时也喜欢用青铜器作为礼器。许多青铜器被铸造成各种生动的造型，或是铸有饕（tāo）餮（tiè）纹、龙纹等各种花纹。不同的造型和花纹代表着祭祖、驱邪等不同的意义。

了不起的青铜乐器：曾侯乙编钟

从夏商周到春秋战国，青铜器的铸造技术不断发展。铸造于战国、出土于湖北的曾侯乙编钟，是代表中国青铜铸造工艺顶峰的艺术精品。编钟是一种古老的乐器，由多个大小不同的钟组合而成。曾侯乙是战国时代一个叫曾国的小诸侯国的国君。曾侯乙编钟就是在他的墓里被发现的。

曾侯乙编钟有一座巨大的钟架，上面挂满了大小不同的扁圆钟，就像无数个沉重的风铃，它们按音调的高低进行排列，钟身上铸有各种图案。曾侯乙编钟是中国出土数量最多、音律最全的一套编钟，是名副其实的国宝。在 2008 年北京奥运会、2010 年上海世博会等重大场合，它的复制品一次次奏响了曼妙之音。

了不起的金属食器

悠久的中华美食文化，除了数不清的美味食物，也离不开那些盛装它们的精美食器。除了陶器、瓷器、漆器和木器，金属食器同样在中国食器家族中占有重要地位。最早的金属食器大多是青铜的，看看下面这些青铜食器，有没有感觉既熟悉又陌生？它们的名字，你都记住了吗？

青铜食器曾在贵族的餐桌上长期占据主角的位置。在重要的宴会场合，它们不仅用来装食物，还用来区分出席宾客的身份地位。不同等级的人使用的食器种类与数量都有严格规定。青铜爵内盛着香醇的美酒，高脚的豆里装着鲜美的肉羹。精彩的歌舞伴着美味的食物，多少历史精彩瞬间在宴会中上演！

了不起的青铜钱币：秦半两

我们都知道买卖东西需要钱。但最早的时候，我们的祖先是不用钱币的，他们需要什么东西，都是直接拿其他的东西去换。后来，人们将贝壳当作钱使用。再后来，大家开始用青铜和黄金铸造钱币。战国时期，各个诸侯国使用的钱币形状各不相同。它们有的像贝壳，有的像铲子，还有的像大刀。

蚁鼻钱

战国时期楚国流通的铜币，椭圆形，很像海贝。仔细看，它的表面像不像人面？

圜（huán）钱

战国时期魏国、韩国等地流通的铜币，圆形，中间有孔。

刀币

刀币形似一把刀，是战国时期燕国、齐国等地流通的货币。

秦半两

秦半两上面铸有“半两”两个字。从它以后，“外圆内方”成为中国古代铜钱的统一形制。

布币

又叫铲布。你看它像不像一把小铲？布币的形状有很多种，有的是尖足，有的是方足。

过去，不同地方的百姓使用不同的货币，买卖东西很麻烦。公元前 221 年，秦王嬴政灭掉六国，建立了强大的秦王朝。为了方便王朝的统治，他颁布命令，废除了六国过去的钱币，规定全天下的人必须使用统一的货币——“半两”钱。半两钱是用青铜铸造的，又叫“秦半两”。统一使用的秦半两方便了人们的生活，促进了商业的繁荣。

了不起的青铜兵器

远古时代，自然界里到处都是毒蛇猛兽，为了自卫和狩猎，祖先们用石头、竹木和骨头做成了最早的武器。后来，伴随人类战争的出现，武器变得越来越有杀伤力。夏代末期，青铜兵器登上了战争的历史舞台。在 1800 多年的岁月里，伴随青铜冶炼技术越来越成熟，青铜兵器称霸战场。

从夏代到汉初的战场上，随处可见用青铜制造的兵器——随战马奔驰的战车，尖锐的长矛和刀剑，防卫用的铠甲和盾牌，传达军令的“密码”虎符。当进攻的鼓声响起，兵刃相接，刀光剑影，残酷的厮杀就开始了。“君不见，青海头，古来白骨无人收。”各式各样的青铜兵器见证了技术的进步，却也带走了无数鲜活的生命。

了不起的铁制兵器

春秋战国时代，铁在人们的生活中被使用得越来越多，全新的铁器时代开始了。铁匠们拉响风箱，烧旺炉火，抡起铁锤，捶打烧得通红的铁坯，一件件锋利的铁制兵器在他们的手下诞生。铁制兵器在战国时期开始慢慢普及，在汉初完全取代了青铜兵器。

相传在春秋末年，有一对闻名天下的夫妻铸剑师，丈夫叫干将，妻子叫莫邪。他们铸造的宝剑锋利无比。楚王听说后非常高兴，就让他们铸造一对宝剑。夫妻俩日夜赶工，用了好几年才铸成两把传世名剑，一把叫“干将剑”，一把叫“莫邪剑”。有人认为，这对宝剑很可能是用铁铸造的。

了不起的传说兵器

“滚滚长江东逝水，浪花淘尽英雄。”在我们悠久的历史里，有无数豪杰与枭雄的故事和传说。这些性格鲜明、本领惊人的人物，在各种神话和小说中你方唱罢我登场。“哪吒斗龙王”“三英战吕布”“千里走单骑”，精彩的故事被一代代中国人口耳相传，英雄气驰骋在中华大地上。

英雄侠士们刀光剑影的故事被人们津津乐道，他们手中兵器的名字，也和主人的传说一起被中国人所熟知。看看下面这 8 位人物，你知道他们分别出自哪个传说或小说吗？他们手里拿的兵器，你都认识吗？你最喜欢他们中的哪一个？

了不起的金属农具

中国是一个农业大国，我们的祖先很早便在中华大地上耕作。为了减轻劳动的辛苦，得到更好的收获，聪明的祖先们发明了很多农具。早期的农具主要是用木头和石头做的，有时也会用上骨头、鹿角等材料。到了商周时代，人们虽然已经能冶炼青铜，但青铜主要被用在兵器和礼器上，在农具上使用范围有限，结构也不复杂。

伴随铁器时代的来临，铁制农具慢慢取代了木头和石头做的农具，坚硬的铁能更轻松地掘开土地、割断禾苗，使耕种变得更轻松。祖先们在使用铁制农具的过程中不断创新、改进，各种先进的铁制农具不断出现。西汉时出现的耧（lóu）车、唐代时出现的曲辕犁，都是祖先们在田间地头劳动中的伟大发明。

了不起的日常金属工具

和今天的我们一样，古人们在日常生活中也离不开各种方便的小工具，它们中有很多都是用金属制造的。这些工具不但设计巧妙，而且美观实用。随着时代的发展，一些古人常用的生活工具，我们现在已经很陌生了，但也有很多从先辈手中一直传到了我们手里。

对于某些人而言，一些我们习以为常的小工具，却是他们养家糊口的依靠。厨师使用菜刀，处理食材；樵夫挥舞斧头，砍伐木材。一些生活工具因为某些名人的关系甚至带有了传奇色彩，比如庖丁的菜刀、姜子牙的鱼钩，它们的故事随着“庖丁解牛”“太公钓鱼”而千古流传。

了不起的日常金属用品

人们生活的方方面面都有金属的身影。除了农田里的农具和战场上的武器，金属在祖先们的家里同样无处不在。用金属制作的碗碟、杯盘、茶具、暖具等生活用品，漂亮又结实，不像陶瓷那样容易摔碎。这些祖先们使用过的金属用品，今天有许多静静地躺在博物馆里，向每一个参观的人讲述过去的故事。

在过去，寻常百姓家使用的金属用品大多造型简单朴素。老百姓对它们很爱护，很少会换新的，一个铜盆修修补补、传两三代人，并不是稀罕的事情。皇室贵族家可就不一样了，各种精雕细琢、鎏（liú）金镀银的生活用品，代表着他们富贵奢华的生活。

了不起的盛唐金银首饰

耀眼的黄金和白银不但被人们当作货币使用，还被制成了各种精美的首饰。古代仕女们使用的金银首饰多种多样，固定头发的簪（zān）上雕绘着美丽的图案，两股簪子合成的钗（chāi）既可以在头上插一支，也可以插很多支。一些顶部挂着装饰的簪钗，上面的流苏与坠子会随着佩戴者的走动一摇一晃，被人们叫作“步摇”。

唐代是一个繁荣鼎盛的朝代，各种铸造工艺都很发达。盛唐时期的金银首饰光彩夺目，精致华丽的鎏金钗环、雍容大气的金镯银簪，都为当时的人们所钟爱。这些熠熠生辉的首饰，见证了“云想衣裳花想容”的美丽，纪念着“长安回望绣成堆”的时光。

了不起的中国刺绣：四大名绣

在家里找找，你多半能找到我们生活中离不开的针。远古时代，我们祖先的针是用骨头、木头和竹子做的，后来，铜铁等金属制成的针进入了人们家里。妇女们手拿针线，在衣物上绣制图案，渐渐地，她们绣出的花纹样式越来越多，色彩越来越美丽。一项杰出的民间工艺——刺绣诞生了。

唐代花树孔雀绣图

花树下，阔步行走的孔雀引人注目，颜色非常美丽。

唐代百衲袈裟绣图局部

“百衲”是指把很多布片拼在一起。

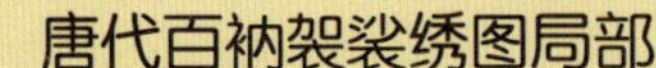

四大名绣

四大名绣是指以苏州为中心的苏绣、以成都为中心的蜀绣、以长沙为中心的湘绣，还有以广州和潮州为中心的粤绣。

苏绣《双鸡图》

刺绣在中国已有几千年的历史，我们今天能看到的最早的刺绣是西周时期的。绣女们用针作“笔”，用色彩鲜艳的丝线、羽毛，甚至人的头发作为“颜料”。针线飞舞之间，气势壮阔的河山、灵巧逼真的花鸟、面容生动的人物，被她们“画”在了各种面料上。明清时期，逐渐形成了影响深远的“中国四大名绣”。

了不起的医术：针灸

针灸是中国特有的一种治疗疾病的方法，这种传统医术的施用过程离不开金属针具。针灸是“针法”和“灸法”的总称。“针法”是慢慢转动细细的尖针，将其一点一点刺进人体。扎针的部位不是随便选的，必须要扎在穴位上。针刺不同的穴位有不同的功效，找准穴位可不是一件容易的事情。

《铜人腧（shù）穴针灸图经》
医学家王惟一所写的针灸著作，用来指导行医者使用铜人练习针灸。

药碾子
由碾槽和碾盘组成。将药材放进碾槽内，用碾盘碾碎药材。

针灸铜人
北宋时铸造了两具，中国国家博物馆里收藏着一具明代的仿制品。

戥（děng）子
药房里用来称量贵重药材的小秤。

火罐
除了针灸，拔罐也是中医常用的治疗方法，火罐是拔罐的工具。

要怎样训练才能找准穴位呢？宋代有一位医学家叫王惟一，他和学生一起制作了“针灸铜人”，在铜人身上标注了 354 个穴位。铜人内部是空的，灌满了水，在表层涂上一层蜡，练习时，根据指定的穴位进行扎针，如果流出水来，就表示找对穴位了。

了不起的指南针

指南针是中国古代的“四大发明”之一，它和金属息息相关。很早以前，祖先们在寻找金属矿藏的时候，常常会遇到磁铁矿，从而逐渐了解了磁性。到了战国时代，有人把磁石做成了辨别方向的工具，叫作“司南”。司南是世界上最早的指南器，是指南针的前身。

到了宋代，有了长期的经验积累，聪明的中国人制造出指南鱼和指南龟。后来，人们又制造出指南针。可以自由转动的指南针能够准确地指出南方或北方，帮助人们快速辨别方向，被广泛应用于航海领域。指南针的广泛传播促进了世界航海事业的发展，加速了“大航海时代”的到来。

了不起的金属贸易：“陆上丝绸之路”

“丝绸之路”是古代连接东西方的重要商路。沿着“丝绸之路”，商人们将中国生产的丝绸、陶瓷、茶叶等特产运往外国，又将金银器、宝石、香料等国外特产输入中国。在这条财富之路上，祖先们和外国人互相认识、学习，文明之花沿着“丝绸之路”绽放。盛唐时，都城长安居住着成千上万的外国人，唐代的许多金银器都具有明显的异域风格。

火镰

一种金属打造的取火工具，可以和火石敲击而取火。火镰是“丝绸之路”上的畅销品，据说唐代时吐蕃的王室贵族非常喜欢。

银币

沿着“丝绸之路”，国外的银币流入中国。

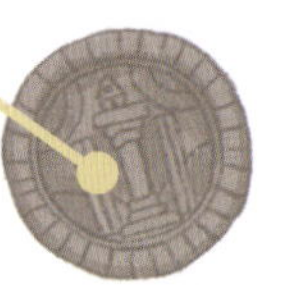

“丝绸之路”可以分为“陆上丝绸之路”和“海上丝绸之路”。“陆上丝绸之路”由来已久，西汉时汉武帝派张骞出使西域，开拓了这条商路。行走在“陆上丝绸之路”的人们，靠着骆驼和驮马，从今天的西安、洛阳等地出发，一路风餐露宿，走过荒无人烟的沙漠、终年积雪的雪山、连绵崎岖的群峰、茫茫无际的草原，一直走到今天的伊朗、印度乃至非洲和欧洲等地。

鎏金舞马银壶

“丝绸之路”带来了异域的金银器加工技术。这只唐代银壶上饰有两匹献舞的金色骏马。

鎏金银壶

这只南北朝的银壶上雕刻着古希腊神话故事。

银碗

这只唐代银碗呈花瓣形，具有粟特风格。粟特是一个活跃在“丝绸之路”上的古老民族。

葡萄铜镜

葡萄纹是唐代铜镜流行的纹样。

了不起的金属贸易：“海上丝绸之路”

自唐代中期北方战乱频繁，“陆上丝绸之路”的贸易由此大受影响，后来的统治者们开始将对外贸易的目光投向南方。宋代造船技术的成熟与指南针的发明，为大规模海上贸易创造了条件。自西汉开启的“海上丝绸之路”在宋元时期迎来了繁荣。南宋末年，福建的泉州成为当时世界上最大的海港之一，泉州也被联合国教科文组织确认为“海上丝绸之路”的起点。

金饰

精美的金饰在宋代很受外国人的欢迎，宋人制作出很多带有异域风格的金饰，远销海外。

空心金镯

金项饰

金耳环

宋代锡牌饰

古人挂在腰带上的饰品，由整块锡片裁剪而成，还刻上了一些花卉纹饰。

南宋铜镜

宋代禁止出口铜器，但一些商人为了巨大利益不惜违法走私。

在宋代，铁器、金银饰品等金属制品和丝绸、瓷器一样，是重要的出口商品。商人们乘着巨大的帆船，从泉州、广州、宁波等中国南方城市出发，沿着“海上丝绸之路”，驶向今天的菲律宾、印度、斯里兰卡等地。在那时，出海是非常危险的事情，风暴、疾病随时会致人死地，但人们怀着致富的梦想，义无反顾地驾船驶向远方。

铁锅
在宋代开始普及的铁锅是当时最畅销的出口商品之一。

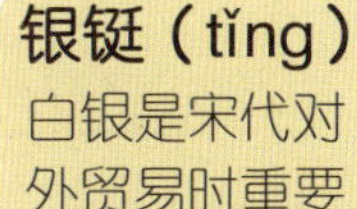

银铤（tǐng）
白银是宋代对外贸易时重要的金属货币。

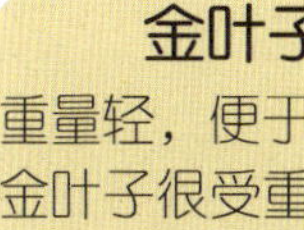

金叶子
重量轻，便于隐藏的金叶子很受重视安全的商人的欢迎。

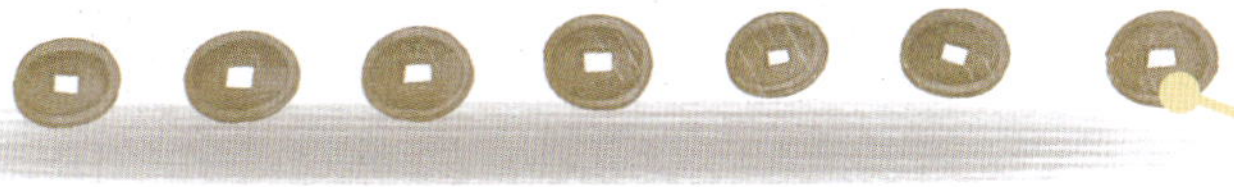

铜钱
贸易离不开货币。宋元时，出海的商船上常载有大量的铜钱。

了不起的京剧：打击乐器

你看过京剧表演吗？你有没有发现，除了舞台中央的各色“角儿”，舞台边还有演奏乐器的乐队。京剧的伴奏乐队分为“文场”和“武场”，“文场”主要是以笛子、二胡等管弦乐器为主奏乐器；“武场”主要是以打击乐器为主，有大锣、小锣、铙（náo）钹（bó）等，这些乐器大多是金属做的，声音清脆洪亮，能传很远。

“武场”伴奏在京剧表演中非常重要，各种乐器有节奏地击打，舞台上的气氛变得热烈紧张。咚咚咚，咚锵咚锵，戏台上传来阵阵锣鼓声，震得观众的心怦怦跳个不停，期待着好戏开场。你看，武松上场了，老虎也跟着登台了——原来，今天上演的是一出京剧经典武戏《武松打虎》。

了不起的中式大门：九路门钉和铺首衔环

无论是深宅大院，还是茅屋草房，住在里面的人都会给房子装上一扇门。门就像人的脸面一样受到人们重视。在过去，富贵人家使用的大门很大，为了防止门板松散，人们给门钉上了用铜铁等材料制成的门钉。明清时代，大门上门钉的数量根据主人的身份有了不同规定。

朱漆大门

在清代，红色的大门只有皇室贵族和大官能用，平民百姓是不可以用的。

门钉正面

门钉侧面

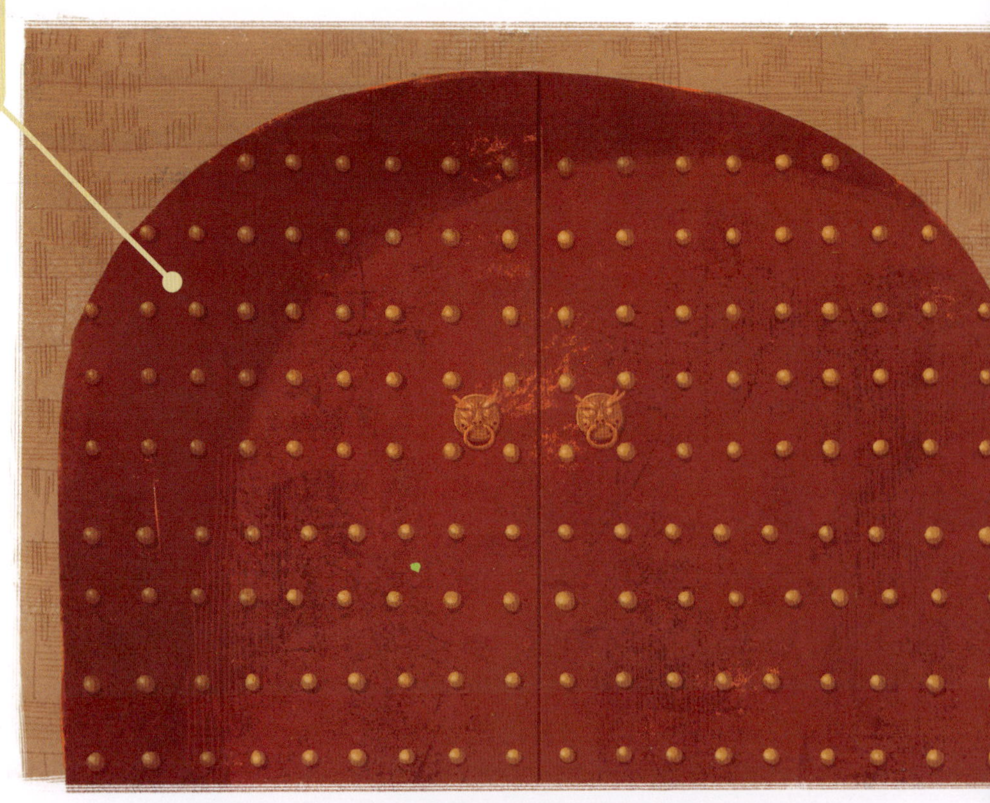

北京故宫是明清两代皇帝住的地方。走进去你会发现，故宫宫殿的宫门上布满了金灿灿的铜制门钉，配上朱红色的大门，非常漂亮。数一数门钉，每一行是 9 个，每一列也是 9 个。这种横九路、竖九路的门钉便是“九路门钉”。按照清代规定，九路门钉只有皇帝的宫殿可用，而亲王家的门钉就只能是竖九横七。

“摸门钉”

明清时代妇女有“摸门钉”的习俗。由于“钉”和“丁”同音，希望家里人丁兴旺、想要生男孩的妇女，会在特殊的日子去摸城门上的门钉。这一习俗反映出过去“重男轻女”的坏思想。

西汉饕餮纹铺首

唐代大明宫铺首

铺首衔环

为了方便拉门、锁门，人们在门上安装了门环。门环底座一般为兽面，由铜或铁制成，叫作铺首。远远看去，就像两只猛兽用嘴衔着圆环，为人们镇守家宅。

五代十国铜铺首

清代故宫宫门铺首

中华文明与世界·金之篇

炼钢技术

俗话说“百炼成钢”，在冷兵器时代，钢可以制作出比铁制兵器更加坚韧的武器。历史上，中国的炼钢技术曾经很长时间位居世界前列。一位古罗马的博物学家曾称赞：“虽然铁的种类很多，但没有一种能和中国的钢相媲美。”

马镫（dèng）

马镫是一对挂在马鞍两边的脚踏。在马镫出现以前，骑兵在马背上挥舞武器很困难。中国人很早便发明了马镫。传到西方后，马镫促进了西方骑兵技术的发展。今天，仍有很多西方学者亲切地称马镫为“中国靴子”。

指南针

作为中国古代的“四大发明”之一，指南针在南宋时期经阿拉伯人传入了欧洲，促进了各国航海事业的发展，为后来欧洲航海家远航美洲和环球航行提供了条件。

铁锅

在南宋沉船“南海一号”上，人们发现了大量的铁锅。在当时，中国的铁产量远超世界其他地区，中国出产的铁锅在国外广受欢迎，是当时名副其实的“高科技产品”。

铁索桥

你走过铁索桥吗？传统的铁索桥虽然走上去晃晃悠悠的，却是很多地方的人们渡河过涧不可缺少的设施。铁索桥的故乡在中国，1600多年前，祖先们已开始建造铁索桥。16世纪，铁索桥建造技术从中国传入欧洲。

机器工业

19 世纪，西方完成了向机器大工业过渡的第一次工业革命，中国在工业技术上落后于西方。为了自强，中国人努力学习西方先进技术，于晚清时期建立了江南制造总局和汉阳铁厂等一批近代工厂企业。

金属活字印刷术

生活在北宋时期的毕昇发明了泥活字印刷术。400 多年后，德国人古登堡发明了金属活字印刷术，促进了欧洲印刷事业的发展。19 世纪初，使用金属活字印刷技术的印刷事业，在中国发展了起来。

蒸汽轮船

用金属制造的蒸汽机推动了欧洲的第一次工业革命。1807 年，美国人罗伯特·富尔顿建造了世界上第一艘以蒸汽机为动力的轮船。1865 年，中国的安庆内军械所学习西方造船技术，自主设计建造了中国第一艘蒸汽轮船“黄鹄号”。

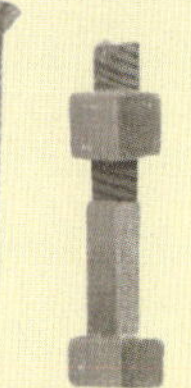

螺丝钉

螺丝钉在西方的历史很悠久，并在大约 17 世纪时传入了中国。早期螺丝钉的用途并不广泛，直到工业革命后，螺丝钉才成为工业生产中必不可少的零件。

铁路

1876 年，中国大地上出现了第一条铁路。它是由英国人修建的吴淞铁路。1909 年，由詹天佑主持修建的第一条完全由中国人自己设计并施工的铁路——京张铁路建成。

了不起的现代采矿

尽管我们的祖先曾在金属开采和冶炼上取得过辉煌的成就，但从清代晚期开始，我们不但在技术上落后于西方，很多金属矿产还受到侵略者的掠夺。1949 年，新中国成立。站起来的中国人民奋发图强，不断努力。今天，中国已连续多年成为世界第一产钢大国和世界第一有色金属生产大国。

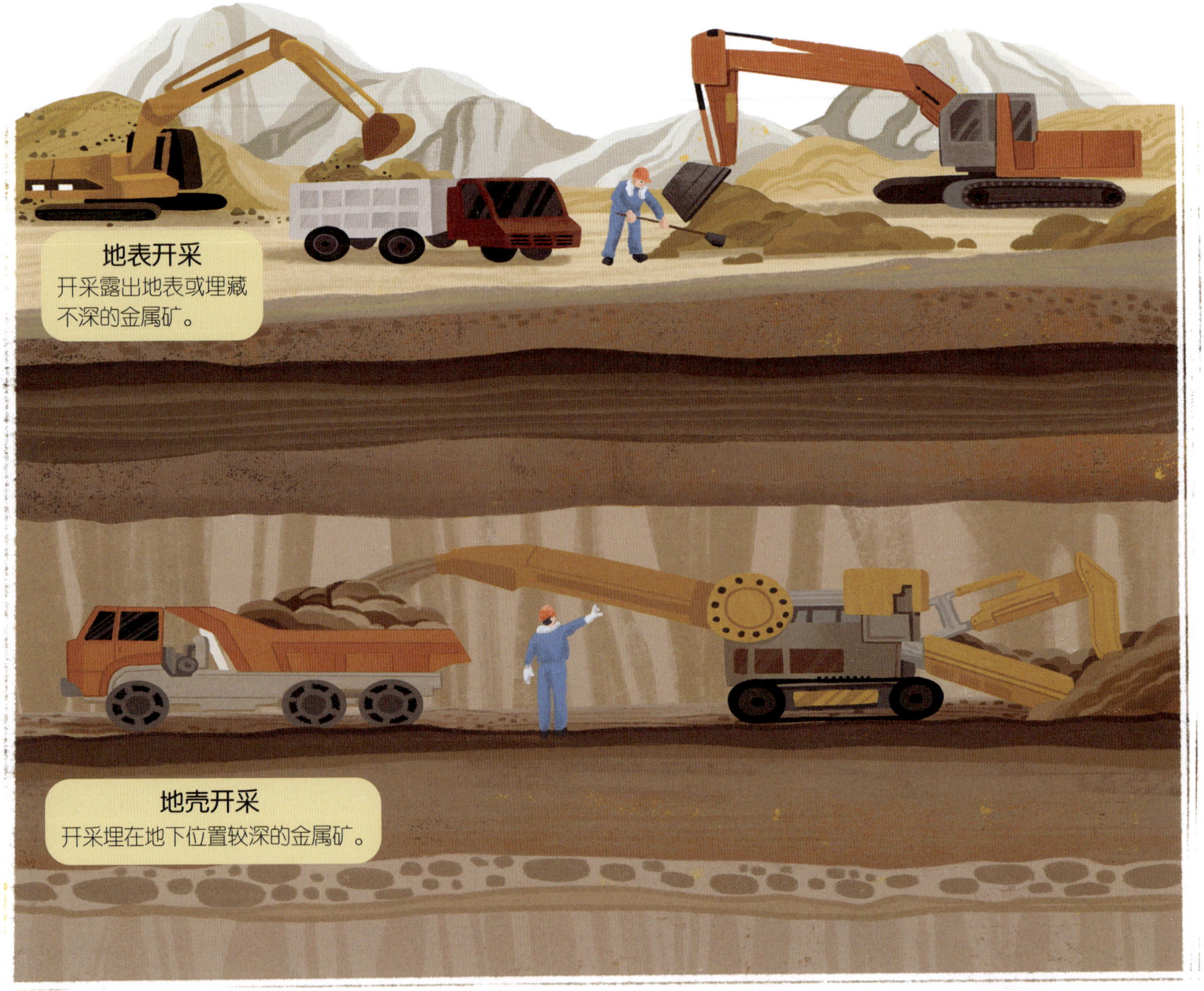

地表开采
开采露出地表或埋藏不深的金属矿。
地壳开采
开采埋在地下位置较深的金属矿。

黑色金属

指铁、铬（gè）、锰等和它们的合金。有趣的是，纯铁、纯铬和纯锰都不是黑色的。

纯铁
纯铬
纯锰

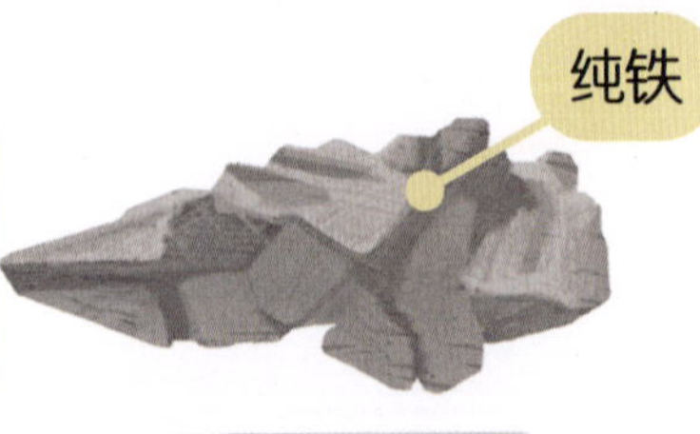

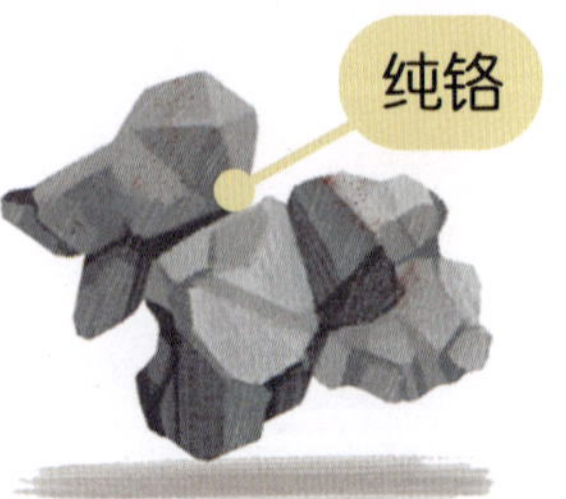

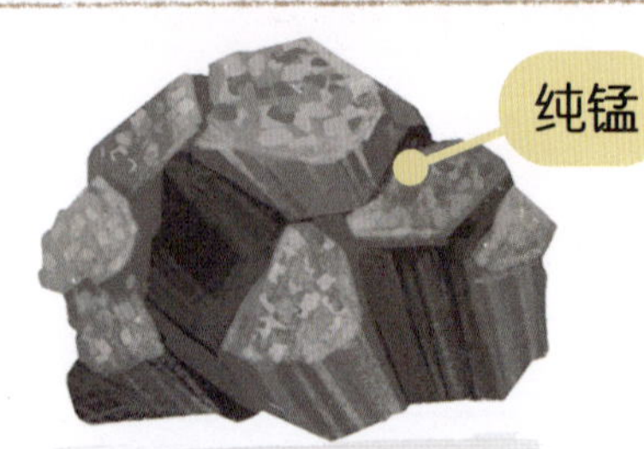

随着经济与科技的不断发展，人们对金属的需求量越来越大，开采的金属品种也越来越多。矿业工作者更多地使用各种大型机械设备开采矿藏，取代过去的人力采矿方式。除了陆地上的矿产，海底资源同样吸引着人们，科学家们不断开发新技术，向着蔚蓝深海中的宝藏出发。

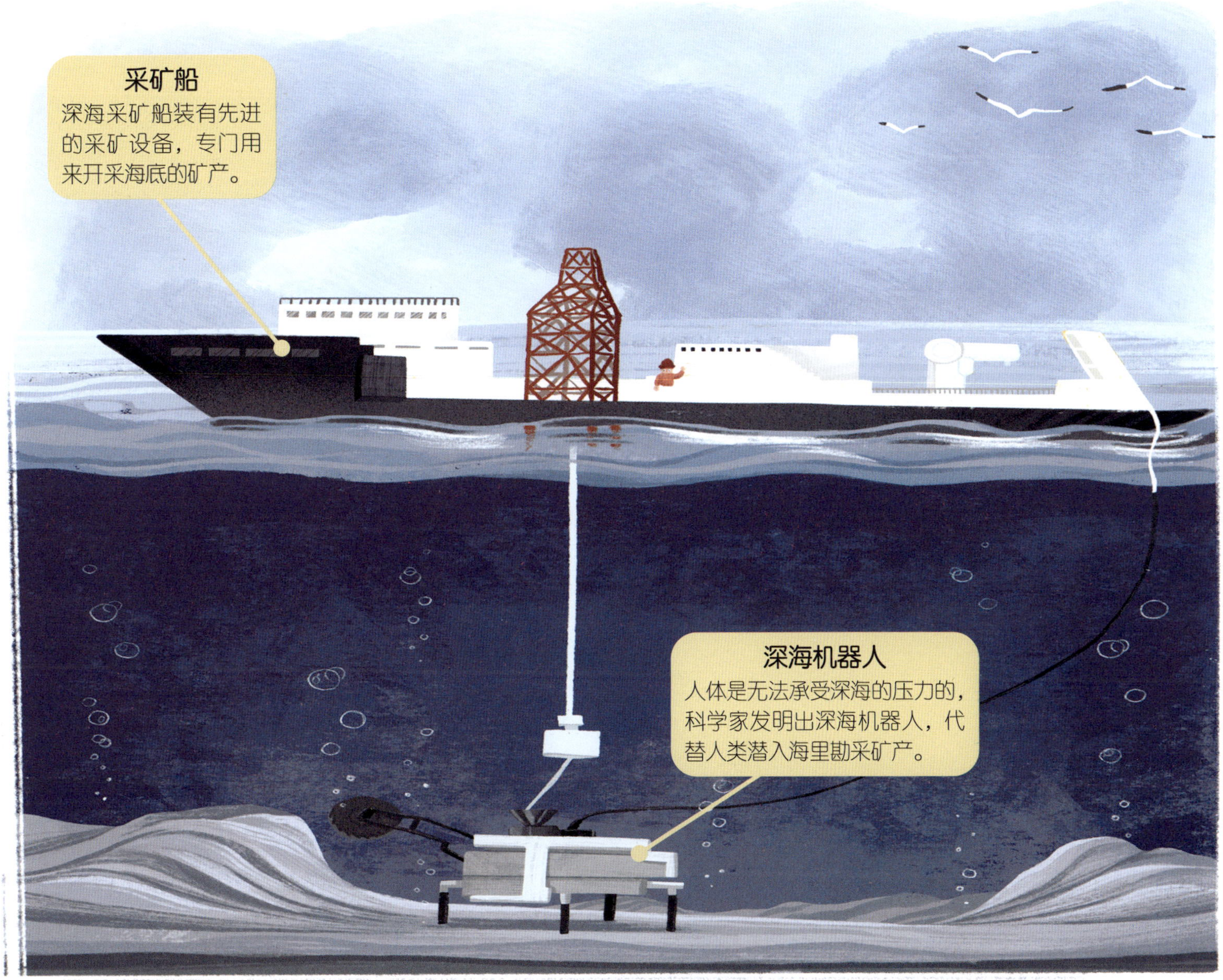
采矿船
深海采矿船装有先进的采矿设备，专门用来开采海底的矿产。
深海机器人
人体是无法承受深海的压力的，科学家发明出深海机器人，代替人类潜入海里勘采矿产。

有色金属

除去黑色金属以外的所有金属的总称，包括金、银、铜、锌等。

金矿石
铜矿石
银矿石

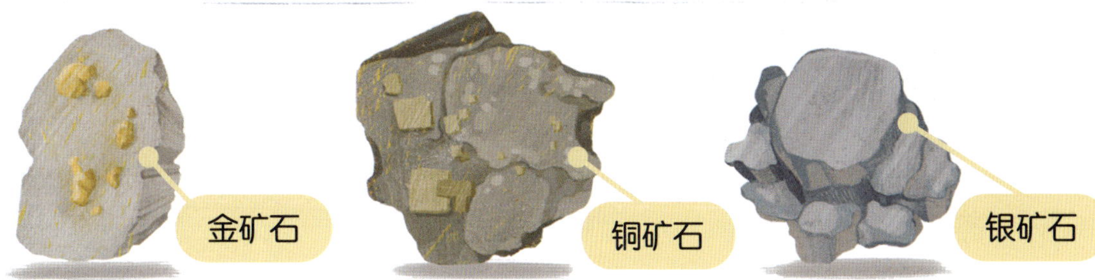

了不起的现代城市：钢铁巨人

从古代走到今天，中国人不断钻研与升级冶炼方式，加工金属的技术也越来越先进。在现代化大型钢铁厂里，钢铁工人熟练操作着机械设备，各种大型机械有序运转。轰隆隆，咔嚓嚓……钢铁被成批制造出来，运往最需要它们的地方。

城市里随处可见金属的身影——高楼大厦的稳固钢筋、交通工具的坚硬外壳，还有一根根拉起大桥的钢索，就连开采、冶炼金属的机械也都是用金属制成的。金属用坚实的身躯，撑起了现代都市的天际线。

港珠澳大桥 这座大桥的主体桥梁用了 42 万吨钢材，可以建 60 座埃菲尔铁塔。

城市工地 钢材可以让高楼大厦的内部结构更稳固，也可以搭成坚实的脚手架，让工人在高处安全工作。

冶炼厂

冶炼厂的机械非常先进，可以高效地冶炼金属，节省人力。

了不起的现代制造业："中国制造"

金属是制造许多物品的重要原料，我们的生活早已离不开它。今日世界，轮船飞机跨越重洋，汽车火车奔驰大地，冰箱洗衣机让生活更方便，电脑手机让人们即使远隔千里也能时时聊天……要是有一天金属忽然消失，简直不能想象人类世界会变成什么样子。

中国致力于发展科技与自主创新，从交通工具到家用电器，各种各样用金属制造的产品，不仅让我们的生活越来越舒适，而且远销国外，方便了全世界人民的生活。优秀的中国产品广受欢迎，“中国制造”享誉全球。

了不起的现代交通：中国高铁

“高铁”是“高速铁路”的简称。如今，时速可达 350 千米的高铁列车，连接着一座座城市，成为越来越多人出差、旅游的首选交通工具。高铁列车和轨道是用许多金属材料制造的，中国高铁的飞速发展离不开金属的贡献。

车体

相对其他材料，重量较轻的不锈钢和铝合金是制造车体的主要材料。

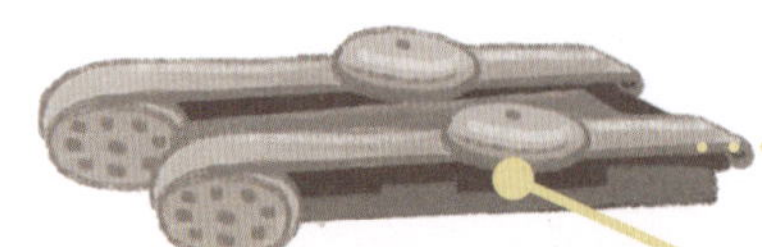

转向架 转向架帮助高铁列车拐弯，同时还负责让列车在高速行驶中保持平稳。

制动系统 列车跑得快，也停得稳。制动系统是帮助列车减速刹车的装置。

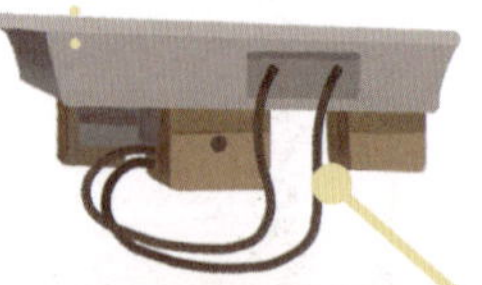

牵引系统 牵引系统驱动电机，带动车轮飞快地转起来。

20 年前，坐火车从北京到上海，要花差不多一整天的时间，但今天乘坐高铁，我们几个小时就能到达。高铁让人们的出行更便利，也让沿途城市有了更多发展机会。中国高铁是中国人用中国速度创造的让世界惊叹的现代奇迹。

了不起的现代医疗

金属在医学上也有很多用途。我们的身体就像是一台一直在运转的机器，因为一些原因，机器的“零件”难免会受损。这时，身体便有可能要迎来新伙伴——假体。假体是代替人身上坏掉“零件”的新“零件”。各种金属是制作假体的重要材料。装在人身上的金属假体，有的我们看得到，有的我们看不到。

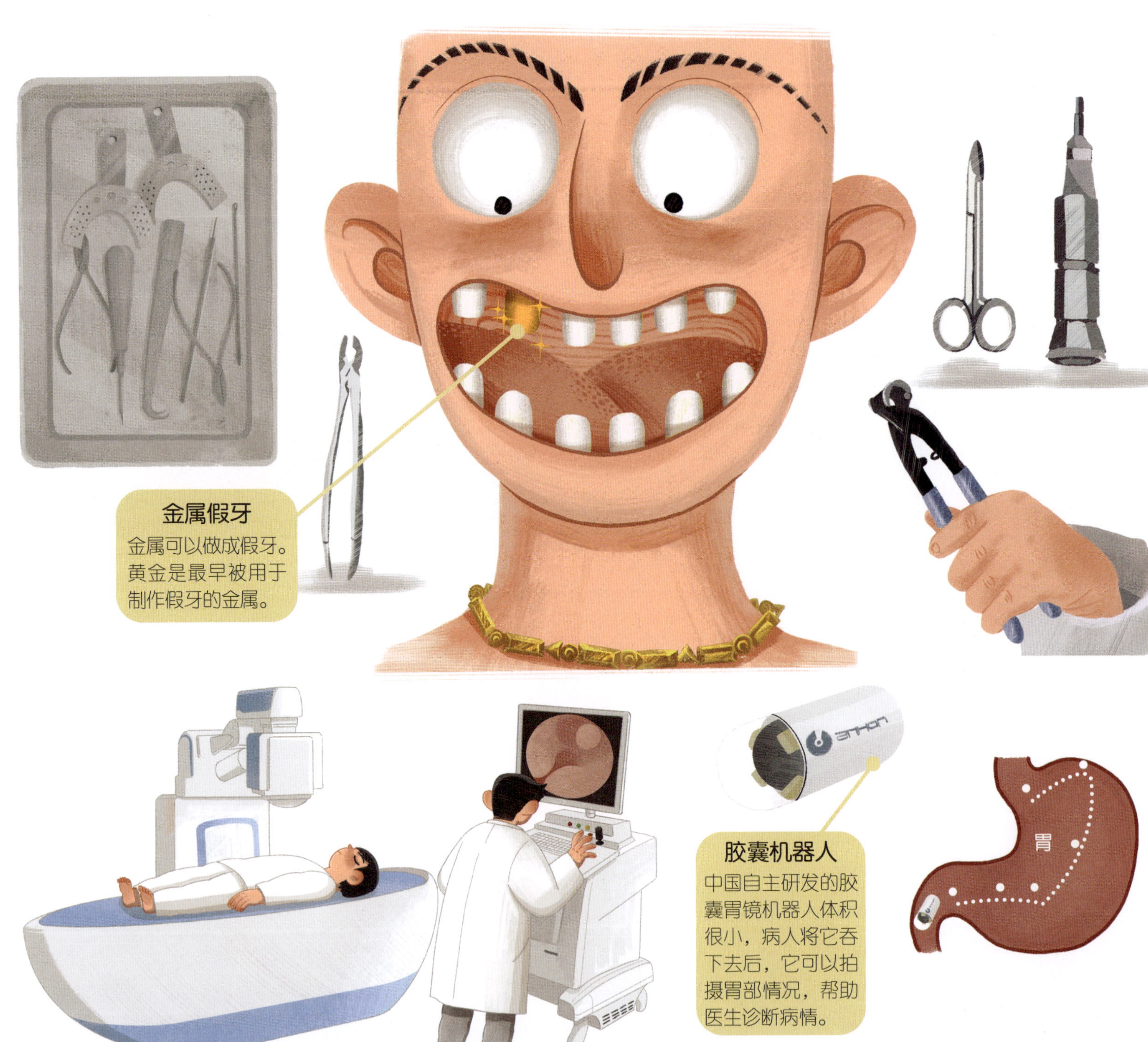

金属假牙

金属可以做成假牙。黄金是最早被用于制作假牙的金属。

胶囊机器人

中国自主研发的胶囊胃镜机器人体积很小，病人将它吞下去后，它可以拍摄胃部情况，帮助医生诊断病情。

除了假体，金属还可以制造各种帮助医生工作的医疗用具。比如我们最熟悉的探听病人体内声音的听诊器、看到就让人紧张的针头，还有各种手术用的金属器械。伴随科技的发展，神奇的机器人技术正被医学界广泛应用到各种病症的治疗中。

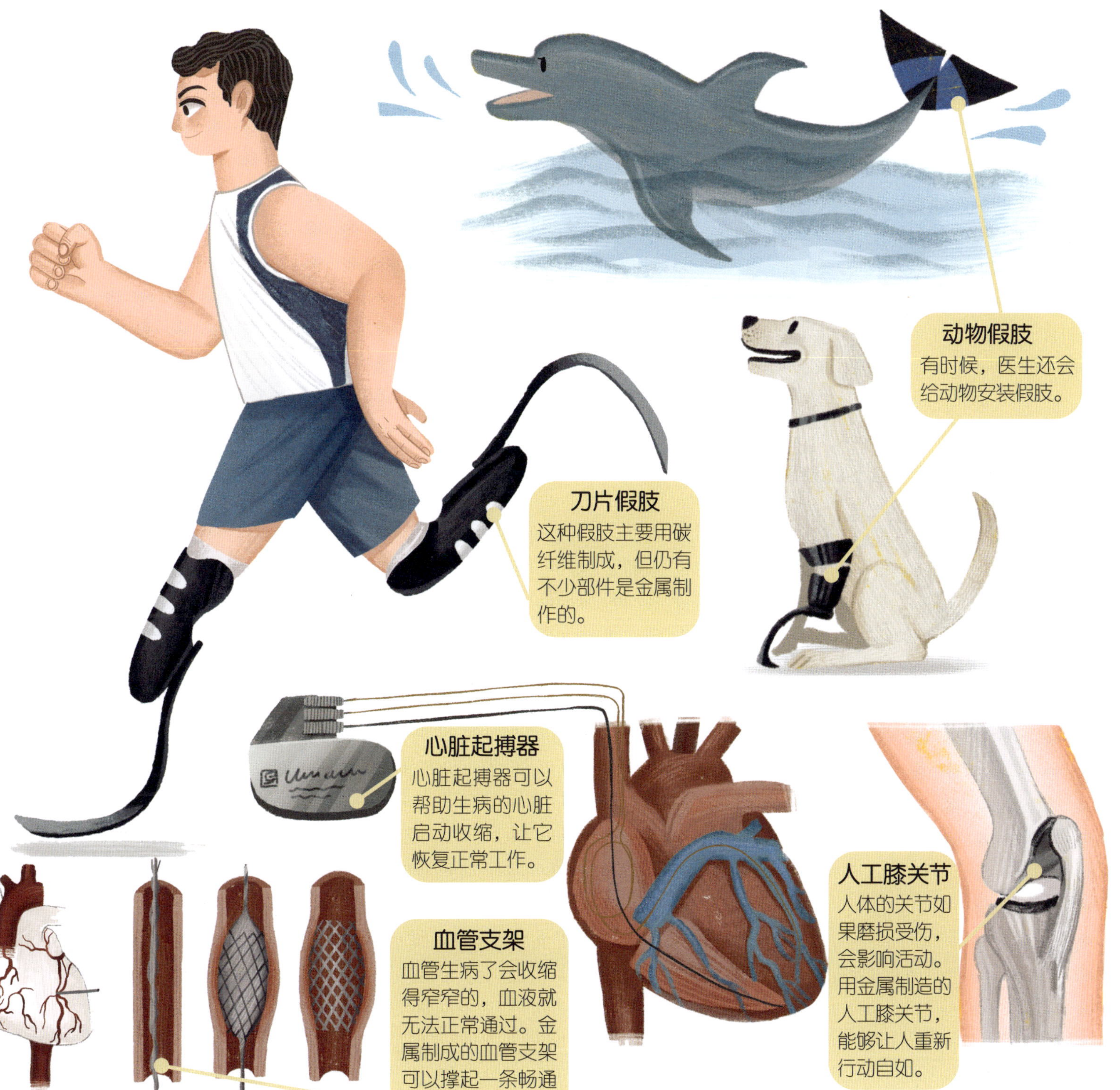

了不起的现代航天

很久很久以前，我们的祖先仰望星空，幻想着天上的世界是什么模样。终于，经过漫长的时光，燃料和动力技术的发展给了人类飞到太空的动力；金属冶炼技术的进步，则让人们有了制造航天器的合适材料。铝合金、钛合金等金属，重量很轻，能够忍受极端温度，成为人们制造航天飞机、火箭和卫星的理想材料。

金属资源并不是取之不尽、用之不竭的，地球上蕴藏的金属资源正随着开采不断减少。为了我们的子孙后代，我们应该做些什么呢？除了注意保护金属资源和环境、积极回收利用旧金属，浩瀚的宇宙是我们人类未来的希望。终有一天，人类将飞到更高更远的地方，翻开我们与金属的故事的新篇章。

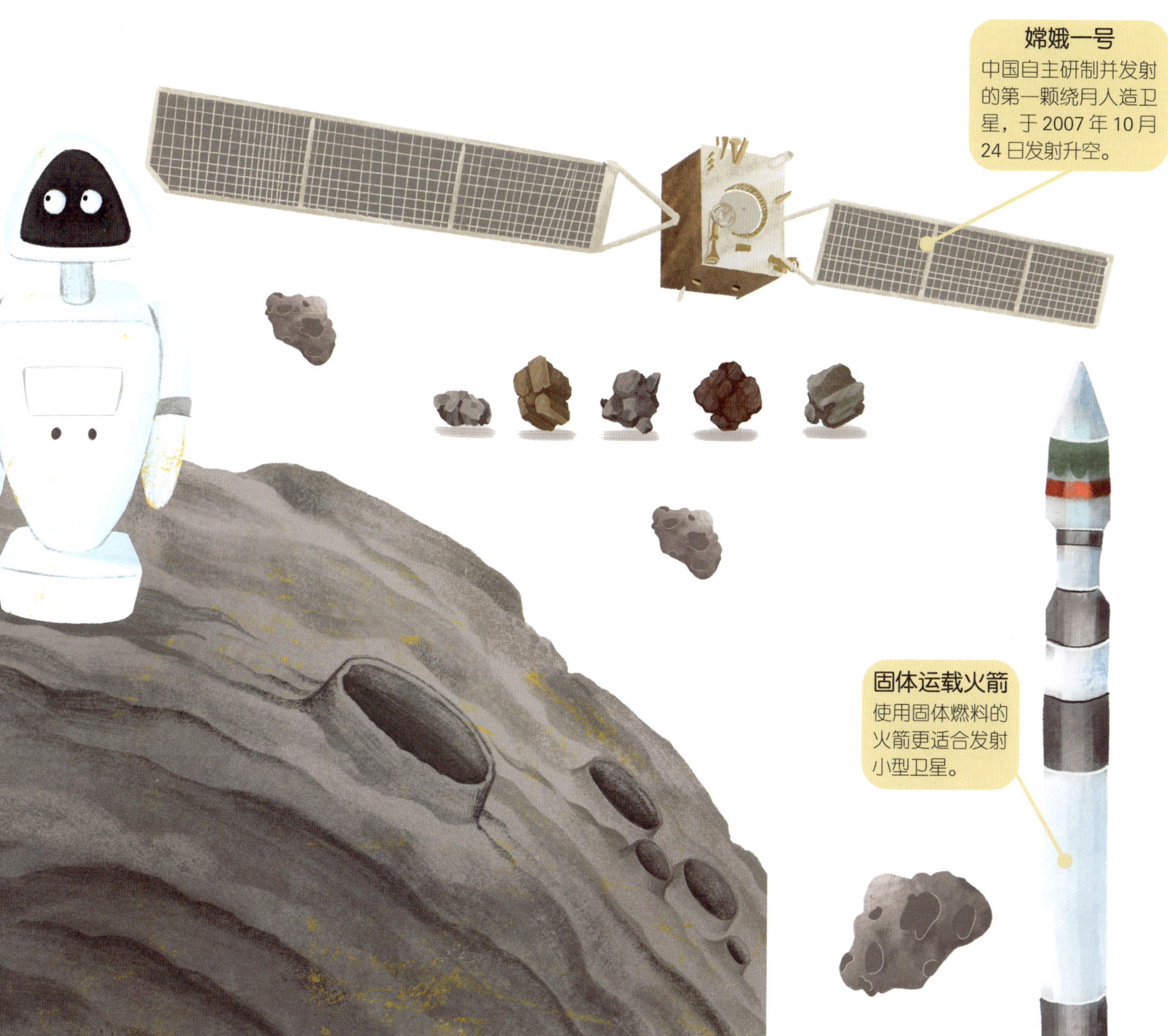

金的小课堂

1. 金属的光泽

一般金属的光泽都是银白色的，少数金属会有特殊的光泽与颜色。把家里的不锈钢平底锅举起来，看看锅底能不能映出你的脸。

2. 金属的延展性

什么叫“延展性”？金属在外力作用下，能延伸成细丝而不断裂，这叫作“延性”，就好比拉面师傅表演拉面一样，能拉好长呢！金属在外力作用下，被碾成薄片而不破裂，这叫作“展性”，比如金箔就是用金块碾成的。

3. 金属的导热性

金属的导热性通常都不错，人们利用这一特点用金属制作锅具，烹饪美食。火焰的热量通过金属，传递给锅里的食物，渐渐地，食物就烧热烧熟啦！

4. 金属的导电性

金属具有良好的导电性，可以用来制作电线。不同金属的导电性各不相同，通常，银的导电性最好，其次是铜和金。但是，由于金银比较珍贵，所以常见的电线都是铜丝材质的。电流通过电线传导，家里的灯才能亮起来。

“传导之王”——银

银能用最快的速度传导热量和电能。很多太阳能电池板的表面都是银的。太阳能电池板把吸收到的太阳热能转化成电能，供人们使用。

“延伸状元”——铂

铂是延性最好的金属，可以拉成特别细的金属丝。在掌握它的这一特性之后，人们用它制作漂亮的贵金属首饰，比如细细的闪着光的铂金项链。

“舒展冠军”——金

黄金是展性最好的金属。你知道吗，1 克黄金可以制成面积约 0.5 平方米的纯金箔！薄如蝉翼的金箔，可以用来装饰物品。古人常用金箔给佛像贴金。

金的小趣闻

用银做的金牌

奥运会最激动人心的时刻，就是运动员的“夺金”瞬间了。但是，你知道吗，金牌其实只含有大约6克的黄金。这部分黄金主要用于表面涂层，制作金牌的主要材料其实是银！

拿破仑的铝碗

相传法国皇帝拿破仑三世常常大摆宴席，宴请天下宾客，宴会上的器具都是银器，他却用一只铝碗吃饭，以此彰显自己的高贵。为什么铝碗比银器显得高贵呢？原来那时候银器已经有很长时间的历史了，宫中银器比比皆是，但人们冶炼铝的技术很落后，铝制品非常少。想不到吧，几百年前，铝比银还稀罕呢！

宇航员的黄金“墨镜”

宇航员的头盔面罩上，往往覆盖着一层薄薄的黄金薄膜，用来保护他们的眼睛不受辐射和强光的刺激。宇航员戴的是黄金“墨镜”啊！

指南针的奥秘之源——磁铁

磁铁的成分有铁、钴、镍等，本身带有磁性。中国人最早利用磁铁发明了著名的指南针。在天然磁场的作用下，指南针的磁针可以自由转动，红色指针始终指向北方。人们利用指南针的这一特性来辨别方向。

离奇消失的锡制衣扣

曾经发生过这样一件离奇的事情：高寒地区有一批军大衣的扣子通通消失了！原来，这些扣子都是用锡做的，而锡是个既怕冷、又怕热的家伙，温度过低时就会变成粉末，温度过高时则会一敲就碎。

金

金属是文明大厦的基石之一，用金属命名的“青铜时代”“铁器时代”，足以说明金属家族在人类文明史上的重要意义。各式各样的金属，被中国人陆陆续续地发现，被越来越多地冶炼使用。它们被人们用来耕种田地，也被人们用来制造武器。它们可以是造福人类的财富，也可以是导致悲剧的原因。《现代汉语词典》（第 7 版）收录了 288 个金字旁的汉字，每一个都和金属有着千丝万缕的联系。“金”也是今天一年级小学生最先从课本上认识的汉字之一。看完这本书，希望冷冰冰的金属，能在你的心中变得温暖起来；期待神奇的金属，推动我们的文明走向更加美好的未来。

图书在版编目（CIP）数据

了不起的中国人. 金 / 狐狸家著. -- 成都 : 四川少年儿童出版社, 2021.1（2025.4重印）
ISBN 978-7-5365-9941-3

Ⅰ. ①了… Ⅱ. ①狐… Ⅲ. ①中华文化－少儿读物 Ⅳ. ①K203-49

中国版本图书馆CIP数据核字(2021)第012311号

出 版 人：余　兰
总 策 划：阮　凌
项目统筹：高海潮　程　骥
著　　者：狐狸家
责任编辑：程　骥
特约编辑：李秀丽　徐　骅
绘　　者：严家欢
文字润色：柴岚绮
美术编辑：刘婉婷
装帧设计：徐　骅　丁运哲
责任校对：赖昕明
责任印制：李　欣

LIAOBUQI DE ZHONGGUOREN JIN
书　　名：了不起的中国人·金
出　　版：四川少年儿童出版社
地　　址：成都市锦江区三色路238号
网　　址：http://www.sccph.com.cn
网　　店：http://scsnetcbs.tmall.com
经　　销：新华书店
印　　刷：成都市金雅迪彩色印刷有限公司
尺　　寸：290mm×250mm
开　　本：12
印　　张：6
字　　数：120千
版　　次：2021年3月第1版
印　　次：2025年4月第9次印刷
书　　号：ISBN 978-7-5365-9941-3
定　　价：48.00元

若发现印装质量问题，请及时与发行部联系调换。
地 址：成都市锦江区三色路238号新华之星A座23层四川少年儿童出版社发行部
邮 编：610023